JN425150

김영업 시집

비 내리는 날의 그리움

도서출판 명성서림

비 내리는 날의 그리움

2012년 3월 29일 초판인쇄 펴냄

지은이 | 김영업
펴낸이 | 박진영
펴낸곳 | 도서출판 명성서림

등록번호 | 제 2-3430
100-861 서울시 중구 충무로 2가 48-10호 3층
대표전화 | 02) 2266-7774 팩스 | 2277-8945
이메일 | ms8944@chol.com

ⓒ 2012 김영업

값 10,000 원

ISBN 978-89-91901-54-4

* 잘못 만들어진 책은 바꿔드립니다.
이 책 내용의 일부 또는 전부를 재사용 하려면
반드시 저작권자의 동의를 얻어야 합니다.

비 내리는 날의
그리움

시인의 말

첫 시집은 기쁜 마음으로 새로운 파종을 꿈꾸며 시에서 배우는 창조와 지혜를 선물하는 행복이 있다면 좋겠습니다.

지금의 나를 있게해준 가족들과 이웃들에게 고마운 마음 일구면서 이 시에서와 같이 내가 가지고 있는 나만의 독특한 가치 고유의 의미와 능력, 나의 빛깔로 내가 걷는 삶의 길에서 행복을 만들며 내가 받은 것은 가슴에 새겨두고 미움은 물처럼 흘려보내고 은혜는 황금처럼 귀히 간직하면서 살고 싶다.

우리가 살면서 아침 출근길에 시 한 편의 즐거움을 맛볼 줄 아는 사람과 그렇지 않은 사람의 하루는 확연히 다르다. 시는 우리의 몸과 마음을 입체적으로 울리는 악기이며 가장 짧은 문장으로 가장 긴 여운을 주는 문학의 정수이기 때문이다.

삶이란 참으로 복잡하고 아슬아슬하며
걱정이 없는 날이 없고 부족함을 느끼지 않는 날이 없다.
그래서 시의 행간을 거닐다 보면 눈빛이 밝아지고 얼굴도 밝아진다.

나는 특별한 나를 찾기 위해 시를 쓰고 읽는다.
이 안에 담긴 소품들이 독자의 마음에 작은 기쁨으로 다가갈 수 있기를 소망해본다.
이 책을 발간할 수 있도록 도와준 며느리에게 특별히 고마운 마음 가득하다.
표지 글을 선택해주신 김용오 교수님께도 깊은 감사를 드립니다.

2012년 3월
김영업

차례

봄의 노래

제1부

하얀 겨울 편지

제2부

차례

아름다운 약속

제3부

담배 연기

제4부

차례

제야의 종소리

제5부

제 1 부

봄의 노래

봄의 노래

숨 가쁘게 달려오는
천진스런 아이마냥
초록빛 한 아름 안고 찾아오시나요

살포시 빗장 열고
후미진 담장 밑에서
속살 드러낸 채
소곤대는 새싹들의 노랫소리

찬바람 터널 지나
브레이크도 밟지않고
대지를 흔들어 깨우는 시냇물 소리는
임의 노래인가요

창문 밖 매화 가지
사방을 서성이며 시계만 봅니다.

개나리꽃 피던 날

어느 날 접어둔 마른 가지
칼바람 부는 후미진 언덕 아래
노란 꽃대 머리 세우고
배고파 휘청거리는 가련한 몸짓
봄볕에 피가 뜨겁게 꿈틀댄다

다만 외로움을 풀지 못해
고난 속에서 희망을 품고
행복의 주인공이 되고 파
굳게 닫힌 창문 활짝 여젖혀
스미듯 얼굴을 내밀지만

허탈한 바람 흘러간 날
오래도록 가슴에 머물고 파
고요한 마음 토닥이며
노오란 봉우리 둥글게 눈을 뜨고
꽃 빛 가득한 봄으로 녹아든다

그대가 보고 싶은 봄

따뜻한 시선 진실한 가슴
아름다운 꽃송이로 다가서는
추억이 밴 그대의 향취

오늘처럼 화창한 날엔
움트는 봄의 노랫가락 들으며
분홍빛 바람 피우고 싶다

수수하면서도 낭만이 느껴 부르는
넉넉한 하늘처럼
오늘은 그 사람이 몹시도 보고싶다

어느 날 갑자기
봄바람은 물결치고
꿈과 소망 뒤로 한 그대

가슴속에 감춰진 뽀얀 젖가슴은
꽃송이 되어
다시금 피어오른다

매화

얼음 속으로 졸졸 흐르는
물소리 들으며
찾아온 너

혹한을 갸륵하게 견뎌
벌 나비에게도
마음 빼앗기지않고
금빛 꽃가루 날리는 너

변함없는 네의 순수함이
예쁘다고 말하기는
너무 이르나

살포시 웃음 지으며
가끔 떨어지는 눈물은
봄이 보내준 값진 선물

노란 들꽃

하얀 계절 몰아내고
노란 꿈 바람에 날리던 날
오가는 길손에 밟힌 상처
얼마나 가슴 저리고 아플까

어쩌다 들꽃으로 태어났는지
애처로운 마음에
너와
오래도록 같이하고 싶다

따사로운 햇살인데
작은 바람 때문인가
깊은 잠에 빠져 있는
옆집 개나리
네 해맑은 웃음소리에
기가 죽어 있다

노란 들꽃으로 피어나는 그대
민들레

봄의 소망

잔잔한 봄바람 불어오면
새 희망 하나 가슴에 품고
말갛게 씻는 얼굴
풋풋한 봄 맑은 햇살 맞는다

아직은
살을 에는 바람
다 녹지 않았지만
숨죽여 들여다보면

화려하게 치장하는 이파리들의
새 생명의 속삭임
새로운 내일을 잉태하며
녹색으로 새로이 태어난다.

매화꽃 삶

온몸이 가려워 긁어대던 가지
가냘픈 몸 매끄러운 살결
느낌이 좋은 산소 같은 얼굴

넘실대는 아지랑이 앞세우고
가녀리게 미소 짓는 그대 모습
선홍빛 스카프가 아름답기만 하다.

그대의 이력은 동양화
언젠가는
실바람 불면
떠나버릴 네 영혼

바람에 얻어맞고
오가는 눈길 시샘겨워도
고운 모습 떠올리며 살아가련다.

봄이 오던 날

뒤돌아보지 않을 듯이
힘들었던 겨울을 밀어내고
나뭇가지 살포시 입맞춤할 때
게으른 겨울
강물 따라 하얀 추억 만들며
추근추근 걸어간다

아직은 덜 녹은 눈밭
사금파리처럼 날카로운 바람
외진 모퉁이 담장 밑에
부모 잃은 고아들이
고만고만 모여 앉아
땅속 깊이 묻어둔
연초록 풀잎 편지를 쓰고 있다

남쪽에서 온 전령사 붙잡고

작은 꽃

허한 빈 자리
잠 깬 꽃망울
살포시 내뱉는다

구름을 밟고
별을 꿈꾸며
갓 태어난 꽃

키 작은 설렘으로
둥그랗게 눈뜨고
임 맞으러 나왔구나

봄이 오는 소리

하늘 문 열어놓고 마중나온 실바람
봄볕 불러내어 미소 한 아름 담아
잊혀진 얼굴 다시 가슴 내민 버들잎
맨몸으로 봄을 심는다

이맘 때면 내미는 푸른 입김
시든 잎에 생동감을 넣어
늘어진 가지에 붙잡아 맨
가녀린 햇살 붙들고
꼭꼭 여민 가슴 풀어놓는다

유채꽃 사랑

내 마음 설레게 한
노란 세상
햇살 섞인 꽃술이
살짝 숨겼을 때
네 약한 노란 살결
꿈이 될까 두렵구나

가난한 마음 하나
노란 꿈 가슴에 안고
꽃봉오리 둥글게 눈뜰 때
홀로 사랑하는 노랑나비

바라보는
나는
붉은 취기가 익어가는데

넌
사랑이 뜨겁기만 하구나

가을이 떠난다는데

목마른 아침 이슬 향기처럼
사슬에 매였던 육신을 풀어놓고
이렇게 허무하게 떠나시려고
색동옷으로 갈아입고
산을 태우며
떠나시렵니까

잠시라면 괜찮을 텐데
그리움 마냥 감춘 채
마음으로 입 맞추며
눈시울 젖게 하시나요!

불면의 가을이 깊어지면
어쩔 수 없다는 걸 다 알지만
막상 눈앞에 닥치니
어쩌지요. 떠난다는데

단풍

귀밑머리 날리도록 바람 부는 날
아름다운 꽃향기처럼
잎맥 사이사이 스미어
나풀나풀 날리며
삶을 마무리 짓는다.

시월의 문을 열면

여름날의 푸른 꿈이 잘게 부서지는
순결한 영혼의 비가 그치면
빛 고운 커튼 사이로
국화꽃 피고
바람을 품어야 하는 갈대처럼
바보 같은 그리움 한 조각 자라고 있다는 걸
당신은 안다

달빛에 비추어 시 한 편 달구면
어설픈 마음속으로 바람 한 점 들어와
쓸쓸함을 깨우고
놀다간 어느 여름날의 꿈마저도
시들어가는 꽃잎의 서러운 가슴 시려서
희망에 속아 버거운 짐 내리지 못하고
추억에 아파하는
가을이 온다는 걸

뜨겁게 안아주고 달려가는 시월
슬그머니 빠져나와
풍성한 꿈으로 가는 가을의 문을 열면

붉게 익어가는 가슴에 사랑의 씨를 뿌리고
차가운 바람의 살을 지나
흔들리다 가라앉은 햇빛이
하얀 그늘 만든다는 걸
나는 안다.

갈 바람

여름의 끝자락
서서히 잠들어가는 들녘
갈 바람 부딪혀대던 빈 깡통
불협화음 울리면
뜨겁게 달군 연듯빛 얼굴로
허수아비의 긴 한숨 소리

알알이
익어가는 수수의 마음을 비집고
피어나는 뭉게구름
따가운 햇볕 머리에 이고
익어가는 여홍의 향기
논두렁엔 뿌듯한 아침이 머문다

햇살 먹고 자란 벼 이삭
세월 한 가닥씩 헤아리며
아직은 색깔 없는 옷을 입고
고개 살그머니 숙인 채

낙엽 1

올 때는 화려하게
희망을 안고
돋아나던 이파리

가던 길 멈추고
쏜살같이 지나온
삶의 언저리에
쉼표 하나 그어놓는다

소리 없이 깊어가는 사이
그대 닮은 한 영혼의
한숨 소리 들릴라
텅 빈 가슴속에
숨겨놓고

짤막한 생의 노래
어쩌면 그대는
허상에서
허무로
내 앞을 스치는
한 줄기 바람이었나

비 내리는 날의 그리움

한 줌 바람 간절한 날
짓궂은 하얀 뗴구름
그냥 가질 않고

텅 빈 가슴
한쪽 문 열어놓고
분별 없이 내려앉는다

숲 속의 요정처럼
뜨거운 사랑과 그리움
정작 내 마음속에
달콤한 유혹이 되어
목놓아 울부짖는
빗줄기는

키 작은 양초처럼
꺼질듯하다가
내 맘속에 살림 차리곤
세상을 삼켜버린다

여름 햇살 한 입 베어 문
사립문 밖 봉선화
숨어있던 바람 불러
사랑 향기 배달하고

자석처럼 끌어당긴
도배된 하늘은
또 다른 빗물 되어
뜨거운 대지에
촉촉히 스며든다.

낙엽 2

한때 가슴에서 출렁이던 이파리들
아름다움으로 푸르름 자랑했지만
푸른 기억을 뒤로한 채
붉게 타버려 물결로 떠나갑니다

생생하게 기억하게 하는
그리움 짙은 이별의 계절
지붕을 맴도는 저녁 짓는 연기처럼
가을빛 길 위에 벌러덩 누워 뒹굴고

어느 한 쪽 아픈 내 가슴 위에
파스처럼 떼어 붙이고 싶은데
잎새마다 새겨진 삶의 애환 보니
이가을 낙엽으로 받아들이는 마음

어쩝니까, 그마저 내 사랑인 것을!

제2부

하얀 겨울 편지

하얀 겨울 편지

하얀 도포 자락 너울대는
은빛 꽃가루
대추나무 가지 끝에 내려앉아
화관을 씌운다

구름처럼 아득한 마음
하얀 꽃 초로에 뒹굴고
까만 밤을 품어보지만
산 아래 연한 달빛 번져
간절하게 돋아나는 보고픔

슬픈 사연 펴지기 전에
부치지 못할 하얀 편지
꿈이 영그는 사연 담아
주소 없는 우표 한 장 붙여
바람 편에 안부를 띄운다.

그리움

푸른 오월
산이 부른다

뻐꾸기가 운다
메아리치며
장끼도 까투리를 부른다

첫 사랑이 보고 싶다
나 젊은 날의 초상
앵두처럼 빨갛게 익어간다.

상큼한 하루

산허리 하얀 잔설
찬 바람 덮느라 애쓰는데
그리울 때마다 꺼내보는
남쪽의 편지 몸살을 앓는다

안갯속으로 눈웃음치며
빠른 걸음으로 다가와
양지쪽 햇살 파종하는데
봄은 야금야금 파먹고 들어온다

겨우내 붙잡혀 있던 꽃망울은
반가워 기쁨을 터뜨리는데
부메랑처럼
가까이서 속삭이며 다가온다

내 가슴 깊은 곳으로

별 밤

고뇌가 기웃대는 시린 밤
어둠 속 너를 바라만 보아도
내 가슴 행복이 그려지는 한밤중
묵은 시간에 갇혀
고요만 끌어안는 환상의 공간

호롱불 같은 조용한 하늘
묘한 눈빛으로 유혹하며
천상에서 선사하는 감동의 향연
바라보면 기쁨에 취하고
녹슨 신경 핏기가 돌아온다

섭리가 견디기 어려운 섭리
세월 한껍질 벗겨서라도
깜박이는 밤하늘에
달콤한 선율 보내리.

편지

어두운 밤하늘
달빛과 어울리는 기러기
겨울을 가슴에 안고
떠나려고 합니다

이 밤이 가고
새로운 미명이 열리면
나는 가장 먼저
그대에게 편지를 쓰렵니다

늙은 산을 떠난
바람 따라가면
봄이 온다고

버들강아지

비애와 번민 지붕 삼아
연민 속에 살아가지만
겨드랑이 파고드는 바람은
낚싯줄에 걸어두고
허물어지는 아픔을 삼키며
맨발로 길에 나서려는
버들강아지
그대 가슴을 누르고 있는
하얀 이불 걷고 나와
봄을 꿈꾸는 잎사귀는
연거푸 출혈한다.

빈자리 채워주는 비

가슴에 피어오르는 인연이기에
예쁜 사연 부여안고
빗물 되어 내리는가

무성한 그대 그리움
강물처럼 가슴 위로 흐르는데
얼굴도 이름도 모른 채
생각 속에 살며시 숨어 살면서
비가 되어 내리는가

내 마음 나도 모르게
파고드는 거친 삶
절규하며 울부짖는데
시든 사랑의 뿌리 끝에
오랜 기다림의 공간

꽃피는 삶이 시작 되어
내 생에 빈자리 채워주고
살며시 가슴 위로 내린 비
고요한 마음 토닥이며
찌든 그리움의 때 씻어낸다

분수대

먼 하늘 높이 올라
물살을 가르는 바람들이
이 세상 흠씬 적실 때
뜨거운 마음 불을 끄고
허공이 젖는다

잠시 길을 잃고
신기루처럼 사라진다 해도
그대 가슴으로 실려 가는
한 폭의 눈물 빛 무지개 되어

지나간 햇살 머리에 이고
끝없이 젖어가는 세상
내 몸에 상처 남더라도
미지의 세계 향해 뿜어내리라
영원히!

아침 이슬

놀다 늦은 어느 여름날
까만 밤 하얗게 지새우고
수정 빛 몰고
갈증으로 수혈되는 액체
여린 새싹 위에
떨어진 영롱한 눈물 한 방울
붙들린 아침 햇살
깊은 한숨 내던지며
바람 타고 애처롭게 비상한다.

고독한 미련

고독과 사랑이 얽힌 세상살이
갈길 바쁜 내 마음 나도 모르게
목마른 세월 안고 모아둔 인생사
진실한 마음 한조각 허리에 차고
하늘 높은 줄 몰라
천만년 살 것 같던 기백
흔적없이 사라져도
붉게 달아오른 내 영원한 사랑은
아직도 식지않은 것 같은데
찢어진 구름 따라
내 마음 어디로 가는 걸까?

앙상한 나뭇가지의 흐느낌처럼
텅 빈 가슴에 남아 있는
임의 향기 녹슬어가고
새콤한 겨울바람 차가워지면
힘겹고 고달픈 삶 잠시 잊어
고뇌가 기웃대는 시린 밤
차갑게 가슴 파고드는 하늬바람 따라
일렁이는 달 그림자 속에

바람으로 지새우는 내 속 울음
토끼가 겨울잠 자는 꿈을
다시 한번 꺼내보고프다

3월에 내리는 눈

기나긴 혹독한 겨울
진저리칠 무렵
순리대로 동장군 뒷걸음치자
냉대받던 대지 위에 삼월도
소리없이 다가온다

봄 향기 가득한 엽서 한 장
부치러 가는 길목에
하얀 꽃송이
나비처럼 날아들어
마지막 인사하느라
하얗게 분칠한다

봄을 기다리기엔
너무 이른 꿈인가
여린 생명의 심지
겨울보다 더한 춘한(春寒)으로
몸살을 앓는다.

사월

멀어지듯 다가서는
양지쪽 개나리 벌써 늙어가고
언덕 마루 고개 넘어
눈꽃처럼 하얀 매화도
깃털처럼 가벼워지려 몸부림친다

하얀 나비 한 마리
회전목마처럼 원심력을 자랑하며
수술 달린 펜으로 사연을 쓴다
내일이면 보지 못할 운명이라고

쉬파리

꾸며진 외모는
곱게 보면 양귀비인데
왜 그리 잡초가 되어
숲을 이루는가

마치 별들이 뜨고 지는 것처럼
이파리만 우글거린다

생각이 깊어서인가
한쪽에 돌아앉아 머리 긁적이며
두 손 비비는 것 보니
겸손을 떠는구나!

4월에 보낸 편지

꽃샘추위와 싸운 어젯밤에는
움츠리는 그대 생각하며
많이 보고 싶었습니다

내 집으로 불러올 수도 없고
내 마음에 담긴 그대 모습 그대로
생각만으로 위안을 삼았습니다

아픈 줄 알면서 보내야 하는 마음
사랑은 그대 두고 저만치 떨어져 갔고
밤새 시달리다 허리 꺾인 일상

한없이 거리를 배회하고
힘겹게 떠나는 4월
무기력함으로 내 가슴 난도질합니다.

파도

순한 양처럼
하얀 옷 입은 돛단배
목숨 건 사랑까지
삼켜버린 너울

상추밭

토할 것 같이 우글우글대기에
옮겨놨더니
다들 졸고 있다
아 ~그러다간 천국 가겠다

도자기 속 백로

구석에 놓인 청자 항아리
살아있는 듯 야릇한 율동으로
내 마음을 흔들어놓는다

물 방석에 앉아
꽥꽥거리는 오리 한 쌍
사랑놀이 한창인데

우거진 노송 가지엔
백로 한 마리
희로애락 끌어안고
하얀 날갯짓으로
내려앉는다

하늘보다 더 청정한 냇가
수채화 같은 미미한 표정
우직한 바보처럼
고개만 갸우뚱거리며

잡히지않는 가슴앓이
살금살금 걸어가는 뒷모습
하얀 풍선처럼
사뿐히 흘러간다.

아름다움이 주는 고통

자연 그대로 두면 쑥쑥 자랄
병들고 뒤틀린 풍파 겪은 소나무
날개 잃은 짧은 소매

철삿줄로 꽁꽁 묶이고
발목마저 잘리고 포박되어
다리 휘고 허리도 구부정하다

굳은 절개 까맣게 묻어둔 채
긴 세월 울먹이며 아픔을 참아야할
고통의 유형도 다양하다

마음속 아물지 않은 깊은 상처
성형된 아름다움이 기쁜 세상이니
오묘하고 멋스러움에 환호하는
아름다운 광대 역할한다

오래전 묶어둔 기구한 운명
그 원한 긴 한숨 지워버리고
지나던 바람
창가에 머무는 순간
고통 속에서도 미소 한 줌 띄우며
부드러운 솔향 풍긴다.

제3부

아름다운 약속

아름다운 약속 / 성묘길
내 가슴속에 머무는 그대 / 탄생
내 마음에 피어나는 꽃잎
거울 속 슬픈 이야기
사랑하는 어머니 / 당신
자전거 1 / 자전거 2
고추잠자리 / 시인 k는
매미의 삶 / 하얀 재
내 육체가 머무를 수 있는 곳일망정
여름의 열기 / 이별

아름다운 약속

첨 만난 사람인데
자신도 모르게 남 같지않은 사람
짧은 외마디가
가슴을 방망이질하던 시절

숱한 세월을 낚으며
우산과 버팀목으로
때론 울타리가 되어준
터널 속의 긴 여정

만신창이 삶 속에서도
바라만 봐도 행복해
다소곳이 미소 피운 채
차분한 평화 안겨준 사람

사랑 냄새가 그리운 요즘

그대여
영원히 식지 마오!

성묘길

굳어진 눈덩이 속에
홀로 누워계신 아버지
이 마음 아시는지
바람만
속으로 울고 있다

술 대신 채워버린 눈물
죽음이야 아름다운 꽃을
피우기 위한 과정임에
엄동설한에도 동백은 피고
매화는 봄을 기다리는데

아직 떠나지 못한 찬바람
그리운 정 다 내려놓고
사철 푸른 나무로 서서
참회의 눈물을 닦아주는
주목만이 내 시린 가슴을
살짝 덮는구나.

내 가슴속에 머무는 그대

언제나 빈 가슴속
베일에 숨겨둔 사랑
아무도 모르게 심어준
그대는 내 사랑이었소

순수한 사랑으로 만나
그동안 숱한
아픔도 겪었지만

내 눈에 비친 건
마음 사이 쌓은 작은 행복
당신만의 향수로
진실한 모습이었으면 합니다

그대여
내 바라는 것
우리가 맺은 끈
수천만 분의 일인데
허물과 단점 감춰주며
서로의 마음 버텨줄
언덕 아니겠소.

탄생

사랑의 씨앗 심어
땅과의 첫 만남
희미한 그믐달과 함께
부드러운 새싹이 움튼다

그 신비의 하늘 문 열고
삶이라는 초원의 밭에
여명으로 찾아온 희망
파안(破顔)의 꽃이 피어난다

새벽 이슬 머금고
향기 어린 꽃으로 피어나
가슴에 안기는 병아리의 향내
사월 초하루
바로 네가 봄날이구나

내 마음에 피어나는 꽃잎

내 사랑 가득 담긴 호숫가에
아름답게 피어난 꽃잎
내 모습이었어

하늘은 온통 시린 전율인데
외진 길섶 꽃밭에서
은은한 향기 풍기는 꽃도
내 마음이었어

꽃잎 사이로 스민 강렬한 햇빛
붉은 노을 침몰하는 그 자리
내 행복이었어!

거울 속 슬픈 이야기

새해 아침
화장대 거울에 비친
예순다섯 내 얼굴을 본다

영화 같은 삶을 살았지만
황혼녘 스산한 바람 일고
달빛에 미끄러진 밤하늘처럼
모든 사연들 공허하게 만든다

등 돌려 외면한 세월
꽃피웠던 육체마저도
서서히 시들어가며
무서리는 내려

이마에 골 깊은 계급장
탄력 없는 눈꺼풀
숱한 세월 몽땅 안고
거울 속에 슬픔을 남긴다

어느 누가
이 많은 나이테
몽땅 떠맡기고 갔는가

항상 바쁜 듯이 살아도
지울 수 없는 세월의 실체
야금야금 퍼렇게 멍이 든다

사랑하는 어머니

청자빛 하늘이 내려앉는 들녘에
흐트러진 꽃들 흔한웃음 던져도
길섶의 하얀 박꽃이 신선한 미소로
따가운 시린 눈을 씻어줘도

한 번쯤 웃어 줄만도 한데
사랑한다는 말 한마디
갈증 속에 목말라 하면서도
무너지는 바람만 보았습니다

당신의 황홀한 꽃 잘 익은 두 열매
알맹이 다 빼먹고
껍질만 남은 빈 가슴
일곱 남매 알뜰하게 사랑한 흔적일뿐

촘촘히 쉬어간 세월의 흔적
지팡이 짚고 비틀대는 발걸음은
꿈이 퇴색하는 신음이 솟고
거부할 수 없는 어둠의 실체

노을 비낀 붉은 햇무리 속에
오늘이 내일인 듯
저물어가는
당신께 이제사 고백합니다
어머니, 사랑합니다!

당신

그게
꽃인 줄 모르고
무자년 섣달 초닷샛날
눈보라 치는
내 가슴의 텃밭에 심었답니다

정감 어린 그 모습
뿌리째 옮겨놓고
날마다 볼 수 있어 마냥 행복합니다.

자전거 1

힘차게 굴렁쇠 밟으며
아침 해를 안고 달린다

달리고 또 달려도 첩첩산중
늘 반기던 갈매기가 부르던
바다는 보이지 않는다

강 건너 푸른 들판
사람과 자연
세월 속에 오갈 뿐이다

함께 달리는 강물은 바다가 되고
흐르는 땀이 생수가 된다

오월의 하늘빛은 그늘이 되고
자전거는 바람이 되어 달린다.

자전거 2

오월의 파란 바람 부는 날
오늘 일을 잠시 빈 방에 걸어두고
구름으로 흐르는 강가를 달립니다

바람 사이 달리는 마음마저
출렁이게 하는 강물처럼
가슴 깊은 곳을 만져 주며
낮은 소리로 흐느끼는 갈매기 울음소리

무언가 잃어버린 듯
허전함에 물들여지면서
우연히 주고받는 세월이
너울거리는 물결 속에
그림자가 됩니다

오늘도
물살을 가르는 바람과 함께
한 폭의 강물이 되어 달립니다.

고추잠자리

천둥 번개 치는 날
소낙비 지나가고
노을이 질 무렵
불타는 구름 그림자 떠돌 때

들꽃 향기 펼쳐져 있는
맑은 호숫가를 산책하다
우연히 날아온 새에게
고귀한 눈물의 꽃이 되고

슬픈 운명의 달빛인가
마귀가 던진 하얀 투망 속
바람결에 서서히 말리며
그림자 속으로 시들어가는데

아직도 남아 있는 힘으로
날개옷 하나 더 준비해서
구름 따라 창공을 날려는
꿈을 꾸고 있다

시인 k는

그는 떨어지는 낙엽을 보며
눈시울을 적시고
철새가 떠날 때는
나뭇잎 편지를 보낸다

뭉게구름 쳐다보며
행복에 젖고
가슴 흐린 날에는
번뇌하는 집시가 되기도 한다

빗방울 흔들리는 밤에는
시향(詩香)을 손바닥에 올려놓고
구슬처럼 굴리다가
가슴에 담아 쓰기도 하고

보석 한 점 만들기 위해
밤새워 돌을 갈듯
관념과 사물 동원해
철학을 논하기도 한다

그러니
거짓말쟁이 시인 k는
바보인가봐!

매미의 삶

하늘에 일렁이는 느티나무
바람 소리 잠든 가지에
한때 그리움이 여윈
사랑의 울음 빛 번쩍인다

찌는 듯한 햇살 아래
유리알 같은 삼베 적삼 걸치고
작은 방 하나 예쁘게 꾸며
기다림에 지친 고사목 품으로

구멍 뚫린 가슴 누빈 그림자 찾아와
오래도록 아껴온 사랑의 꽃 피운다
며칠이나 더 정겨운 목소리 들려주려나

보잘것없는 네 전성기야
노루꼬리보다 짧지만
어제의 화려했던 추억

희미한
저녁노을 성큼 다가서는구나

하얀 재

살다 보면 가슴 깊이 멍이 든
아픈 날이 있다

해변 벼랑 끝 바위틈에
등이 굽은 늙은 소나무처럼

바람에 갇혀 우는
쓸쓸한 날도 있다

밤을 삼켜 보았지만
파도가 목놓아 울부짖고

회오리처럼 가슴 휘젓고
빠져나가는 바람 소리뿐

살다보면 까만 머리카락 태워 만든
하얀 재!

내 육체가 머무를 수 있는 곳일망정

언젠가
세월을 이기지못해
향기 잃는다면
세월의 책장 넘기면서
바람처럼 쉬어 가련다.

노을 꽃 붉게 필 때는
소슬바람이라도 스쳐 가다
그리움 다칠세라
뜨거운 열기 사랑으로 이겨내리

생명 다해 떨어지는 꽃잎 아파할 땐
마지막 인생 잦아들지 않도록
여유로운 이별의 노래 부르련다.

곰삭아 가는 길도
주춤거리지 않고
연분홍 스카프 날리며
두 눈 감을 수 있는 몸이 되련다.

황혼은 언제나 젊은 삶을 원망하지만
마지막 순간까지 후회의 눈물이 아닌
인생 그 쓸쓸함에 바라볼수록 예쁜 꽃처럼
희망이 엿보이는 사람으로 기억되길 갈망한다

온갖 돌부리에 걷어채이고
하루가 죽어간대도
내 삶의 노을 지기 전에
꿈길이라도 달려가
기쁨으로 취하고 싶다

진정 황혼의 노을빛과 엉킬지라도
찻잔 속 향기 녹아나듯
조화롭게 뒤섞일
풋풋한 향기가 어울리도록
거듭나길 갈망한다.

여름의 열기

매미도 울다 지치고
남의 집 담장을 타고
오르는 호박넝쿨
연약한 줄기로 버티며
지나는 먹장구름에
구원의 손짓 한다

예쁜 소녀 모습 닮은
제비 새끼는
강남 갈 연습도 포기했나
노란 주둥이 벌리고
처마 끝에서 졸며
두 팔 벌리고 열기를 쫓는다

쓸만한 구름마저 흘러가고
산기슭 저쪽 골짜기 물새로
푸른 발자국 남기는 새처럼
흐르는 물속에 마음을 던지고 싶다

이별

내 안에서 자란
삐뚤어진 사랑 하나
시린 손에 주워들고
바람도 얼어붙은
살 속 깊이 박힌 다리를
그대와 손잡고 건너
살갑게 날려 보낸 이별
내 영혼 깊이 잠들면
내가 만든 눈물방울에
아롱져
그것도
사랑임을 잠재운다.

제4부

담배 연기

담배 연기

매서운 바람 창문에 걸터앉아
공허한 마음 달랠 길 없어
한 모금에 느껴지는 마음의 안위
하늘을 가르는 교류가 흐른다

하얀 구름 사탕 빨아대며
술잔 속에 인 애를 심어주니
떨어질 수 없는 숙명의 만남
너와 나는 필연일 뿐

소복 너울대며 가슴 타는 불
바람 따라 서서히 쓰러져 가고
술 한 잔 거나하게 걸친 채
독한 향기 휘날리며
하늘로 승천한다.

구로역에서

굴곡진 영혼 오열하는 울음소리
뿌연 연무 수은등 아래
꽈배기처럼 늘어놓은 철길은
누구의 가슴인가
머나먼 길 달려와
한 무더기 쏟아 놓고

멀리 달려온 널 위해
슬플 때마다 기적 울리며
천사처럼 웃음 보이는 그대 얼굴
붉은 하트 안에 박힌 채
아주 오래도록 같이 달리고싶다

그리움 가슴에 단단하게 뭉쳤다가
한때 열병처럼 앓았던
가슴 빼곡히 안긴 배고픈 사연
정지된 이별이 플랫트홈 바닥에
짙게 깔려
한동안 모아뒀던 사랑 흩어진다.

선

아이라인 하나 그렸을 뿐인데
어제는 뱁새눈, 오늘은 소 눈깔.

한강의 아픔

찬바람 힘든 겨울
살짝 하얀 거품 머금은
파도 안고
동창회 날인지
갈매기 떼 지어 노니는데

잠자는 대지 억지로
흔들어 깨워
긁어내고 깎아내고
몸살 앓는 강에
삽질이 한창이다

흙탕물 속에서도
지난 세월 흔적 지우려
파도는 사랑처럼 달려와서
이별처럼 가버린다

한 줌 흙을 소망하며
바람에 실려올 풀냄새 키워
벚꽃 필 날 머잖은데
갈매기 꿈만 남기고
슬피 울며 파도에 실려간다.

내 고향 겨울 바다

미치도록 모아둔 인생사
조개껍데기 같은 외로움 사무친 날에는
운명 같은 그리움 한 조각 벗겨 들고
바닷바람 따라 떠나갑니다

지울 수 없는 그리움의 실체는
아플 만큼 아프고
고통스러운 만큼 고통스러워
금세 홀로인 듯 외로움에 젖어듭니다

얽고 설킨 세상살이
눈물로 얼룩진 삶이라도
못다 한 이야기 주고받으며
겨울 바다는 바람 앞세워
저 수평선 끝에 서 있다

서럽고 힘들어도 그리움에 가슴 저미면
애처로움에 하얀 거품 토해놓고
무심히 실어 보낸 이별
한곳에 모아
사랑을 점등하고 싶을 따름입니다

아, 내 고향 겨울
칠산바다여
까만 눈동자 이슬에 젖어야 하나요

내 태어난 자리

봄볕 머물던 초막터
잡초가 주인 행세하는데
약속도 없이 떠난 지 사십여년
마음 한구석 향수가 살아 숨 쉬고
뒤안 왕대나무 잊힌 얼굴 되어
바닷바람에 서럽게 울어댄다

나도 모르게 서성거린 그 자리
빈 하늘 멍하니 쳐다보니
안개가 길을 잃고
가쁜 숨 헐떡이며
매서운 바람 타고 지나간다

해는 서산 너머로 기울고
침묵 속에 머무는 고향 흙냄새
감나무 한 그루 자리 펴고 누워
가슴 타는 목마름을 축여주는데
숨겨진 파도 타고
밀려드는 해묵은 그리움

뒤돌아서는 세월
조각 그림으로 산화된 빛바랜 나를
탯줄이 묻힌 그 자리에 내려놓고
눈썹만 적시고 뒤돌아선다.

식어가는 내 고향

내 고향 해제 땅과 칠산바다는
사랑하는 임의 순결한 마음 같고
바람이 가득 고여 흘러간 날은
해당화 꽃 피어 파도소리 잠재우고
오래전 묶어둔 잊혀진 얼굴 되어
해 그림자 허전하게 기우는데
어린 영혼의 큰 꿈 늙어만 간다

살 속 깊이 박힌 고향의 향수
상큼하고 새콤한 새벽바람 일고
누웠던 수평선이 몸을 뒤척이자
하얀 거품 머금은 파도는
몇 번이고 쳐대며 헹궈내지만
반짝이며 부서지는 백사장은
녹슨 세월의 찌든 때 씻고 있다

그 옛날 해가 뜨고지던 그곳이
새벽 닭도 울지 않은 마을이 되고
낯선 땅 돼버린 고향 들녘은
빈 술병 허리에 차고 섰는 허수아비

삭막한 겨울 바다 칼바람 고뇌하며
달콤한 선율로 시 한 수 읊조리는데
정서 예의 바뀐 하늘 보고 내 울었네.

얄미운 친구를 생각하며

누구나
가슴속에 사랑과 미움 하나쯤은
간직하고 살아가겠죠

사랑과 미움
세월이 흐르면서 원한이 되어
내 마음 울리고
꿈과 환상으로
머릿속 휘젓고 지나갑니다

너무 아픈 마음에
큰 상처의 그리움
그렇게도 사랑했던 친구
이제 모든 것 잊고
미워하지 않았으면....

늘
가슴속에 묻고 사는 친구
생각하는 시간에는
미움마저도 사랑입니다

무심한 세월 흘러도
친구는 내 삶에서
가장 우정이 깊었고
사랑했던 짝입니다.

지금은
서로 이해하지 못한
미움 속에 있지만
그러나 나에겐 세상에서
가장 좋아했던 친구를
사랑했고

지금도
얄미운 그 친구는
영원한 내 벗입니다.

우정보다 깊은 벗

굽이마다 지쳐가는 삶이지만
보랏빛 향기 안고 멀리서 찾아온 벗
힘들고 고달픈 기억 잠시 잊고
막걸릿잔에 마음 서로 띄워 마신다

미치도록 만나고픈 마음 지니고
심장 깊이 새겨진 사랑 깊어 갈 때
누구에게도 못 다한 가슴에 쌓인 말
더러는 원망하며 아픈 잔 기울인다

연분홍 나이에 쌓였던 우리의 우정
밤새도록 술상 위에 꺼내 놓고
한잔 한잔 가슴속에 채우고 나면
고향길 함께 걷던 정겨운 발자국

마음은 아직도 그대로인데
어딘가 날아간 향기 숨어 흐르고
사이사이 녹슬어가는 움푹 팬 흔적
세상은 알 수 없는 깊이로 가라앉는다.

지갑

몹시 허기진 배
맛은 있는데 가볍다

들어가는 문 있어도
나오는 문이 없어

마음속에서 발효하는 여닫이문
하나뿐인 몸뚱어리

오늘도 마음 비우고
가난한 심정으로

훌훌 벗어버리고
필요한 만큼 내어주니

꼭두각시놀음
박 첨지인가!

지우개

다 먹어 치우고 똥만 남길 거야

편지

빗소리 그친 사이
한 줄 두 줄 쓰다 보니
창 너머 보이는 꽃잎이
편지로 보입니다.

능소화

따사로운 햇볕 받으며
영롱한 눈빛으로
아름다운 향기 품고
초록 자일에 감긴 채
암벽등정 하며 나팔을 분다

굽이굽이 돌아가는 길
정상을 바라보며
축 늘어진 초록 잎사귀들
가늘게 떨며 팔부능선 오른다

지팡이 짚은 채로
빨리 걷지도 뛰지도 못하고
소리없이 눈웃음만 치는데

멋쟁이 예쁜 나팔수 그녀처럼
날픈 풍악 너무 애절해
오묘함 만끽하며 산을 오른다

황금 나팔
흔들고 가는 바람결에
허상을 타고 출렁이며

못 다 부른 노래
구름에 묻어두곤
살며시 내려오려나 보다

잠

깜박이는 동공에
바람 멈춘 채

사랑
행복
시름
모두 쓸어 넣어

침묵하는 나무가 되어
살그머니 매혹 부르며
창문을 닫는다.

말

장미는 꽃 그대로가 곱고
양단은 아름다워서 곱고
비단은 부드러워서 곱더라

달콤한 향기는 없지만
우리들 주고받는 대화
말처럼 고운 꽃은 없더라!

개망초꽃

모진 세월 이겨내고
얽히고설킨 갈대숲 그늘 속
쉽사리 일어서지도 못하고

불타오르는 햇살 따라
덤불 속 상처 감내하며
환한 미소 머금은
하얀 뭉게구름

벌 나비 사랑 속에
예쁜 색동옷 입는 날엔
내 마음마저 빼앗는 널

어느 누가
가냘픈 들풀이라 했나!

향수

높아진 하늘만큼 낮아진 마음
가슴 타는 목마름을 축여보지만
앙상한 나뭇가지의 흐느낌
애처로움이 사라져가고

저녁놀 아름답게 수놓일 때
산새들 져녁 노래 하늘을 찌르고
마을 당산나무 아래
옛벗들 모여
그 어느 날 접어둔 추억
아직도 맴돌며 향기가 흐른다

찬바람 서린 아담한 갯마을
옥녀봉의 전설 깊게 서린 그곳
모태부터 살았던 내 고향
풀숲도 마른 눈으로 잠들고
쓸쓸한 산야만이 향수에 젖는다.

제5부

제야의 종소리

제야의 종소리
가슴 위로 내리는 안개비
용설리 문학포럼 / 거미줄
그림자 / 수평선 바라보며
길 잃은 철새 / 함박눈
안양천 / 꽃잎 사연
강둑에 앉아 / 낙엽 떠나는 길
하얀 목련은 지고
가을이 오는 길목 / 아카시아
장미의 미소 / 가을 속으로

제야의 종소리

밤새 악몽을 꾸고 깨어난 아침
무너져 타버린 추억 속에
한동안 마음으로 남아서
사랑으로 익어간 소망
가야 할 길 너무도 많고 멀지만
이젠 고요만 끌어안고 떠날
적막한 제야

성스러운 향기 뿜어내는 태양은
어제와 같이 떠오르겠지만
미련은 수북한 열매로 달려
떠날 수밖에 없는 사연
까만 밤 종소리 달빛 태우며
파문처럼 번져 흘러 고이는데
잠들지 않는 음악이었으면 ....

모두 떠나고 서성이는 숨소리
가로등 아래 텅 빈 벤치에
하얀 그리움 소복소복 쌓이지만
밀어 나눈 언약 그대로 흐르고

바람에 업혀 서럽게 울어대는
제야의 종소리가 가슴 뚫고
후렴처럼 노래하며 구름 따라 떠난다.

가슴 위로 내리는 안개비

내 마음속 깊이 새긴 당신
열애의 흔적이 남은 입술처럼
늘어진 수양버들 사이로
서럽게 눈물되어 내리네

먼 산에 봄 안개 자욱하여
내 상한 가슴 쓸어 내리는 안개비
몸살 나는 그리움 되어
가로등도 연무처럼 흐리네

물오른 가지 끝에
잎이 피었다가 진 자리
매달린 옥구슬은
꽃잎 되어 내 가슴 위에 쌓이네

진주처럼 영롱한 그대 입술
오색 그리움 칠하곤
내 가슴을 짓밟고
흰 연기처럼 사라지는
안개비!

용설리 문학포럼

두눈 지그시 감으면 굽이굽이 잦은 풀밭
개울물 졸졸 길섶으로 흘러가고
거짓 없는 흙에서는 생명의 싹 움튼다

방문객 기다리는 풍뎅이와 허브
풍뎅이는 활엽수 찾아 퇴근하고
립스틱 짙게 바른 꼬마 장미만이
저녁놀처럼 산을 돌며 향기를 전한다

누나의 그리운 솜씨에 향 그리운 차
가면 쓴 군화 얼굴 보노라니
고향에 돌아온 것처럼
가려진 세상이 넉넉함으로 채워지고
건드린 허브 슬그머니 향 토해낸다

금방 무너질 듯 싶은 모난 돌고래 탑
갈라지고 찌그러진 항아리 오층탑은
자꾸만 가슴안으로 고여든다

수전노처럼 모아놓은 골동품
그림 조각 맞추듯 예쁜 장식은
집안에 피어나는 꽃 되어 마음 유혹한다

그림자 흘러 사라져 별빛 가슴에 안은 채
세월만큼이나 뚫린 구멍 사이로
하늘 향해 뿜어대는 분수 쉬지않고 이어진다

무지개 만나고 픈 마음처럼 애절하게
갈라진 목소리 다듬으며 낭송하는 목소리
여름밤 숲속으로 바람결 타고 떠날 때

감았던 눈 뜨면 마음 도로 애젓하다

거미줄

갈대숲 우거진 동산
맹꽁이 짝을 찾아 노래하는 냇가
첫여름이 주는 자연의 향기 속에
억새 기둥 삼아 지은
하얀 집 한 채
밤새 내린 이슬 머금고
대롱대롱 매달린 보석 사이
앙증맞고 소담스러운 망초꽃

웃을까 말까
망설이는 꽃봉오리
바람을 타고 날아와 코끝을 간질일 때
향기에 취한 벌 나비
꽃술에 애무가 한창이다

무심코 날아온 잠자리
고뇌의 늪에 빠지고
단단히 묶어버린 어둠
있는 힘을 다
바람의 의사를 불러보지만

꺼져가는 잠자리의 혼
한순간 낙뢰처럼
까맣게 타들어간다.

그림자

거꾸로 누워서 다른 세상 열어놓고
떠나가는 모습 너무 안쓰러워 바라보면
너 또한 누군가의 가슴 안기고

가는 발자국 앞에 모습 바꿔놓고
삶과 자연의 한 조각이라지만
늘 곁에 머물면서 향기 남기느냐

바보야
넌 누굴 닮았기에
나하고 비슷하게 생겼니

수평선 바라보며

차갑게 가슴 파고드는 바람
마음의 물결로 밀려오고
세월은 빠른 걸음 재촉하는데

보고 싶은 넌
남모르는 사연을 앓다가
물결로 밀려와 반짝이며
하얗게 부서지고

정열의 사랑 나누고파
차디찬 비망록 안고
바람에 돛단배 띄워보지만
내 마음에 펼쳐진 수평선은
가도 가도 끝이 없는
미로다!

길 잃은 철새

석양의 여울목
한기 잠식당한 채
서서히 쓰러져가는 노을
곧 들이닥칠 무거운 그림자
아는지 모르는지

바람도 얼어붙은 호수에
철새 한 쌍
정수리까지 파묻고
죽은듯 웅크리고 앉아
한 폭 물속에 쉬고 있지만
갈길 잃은 것만 같아
바라보는 내 애태움
넌 모를 게야

빛을 삼켜먹는 어둠
한 쌍이라서 외로움
덜해 보여도
얼음장 밑 날선 서릿발
살 에이는 물속이라
바라보는 내 가슴
구들장이 내려앉는다

함박눈

푸른 기억은 사라지고
모두 떠난 텅 빈 자리에
삭막한 삭풍 지나고

아무것도 걸치지 않은
앙상한 가지 끝
상처에 새순 돋아나듯
순백의 꽃이 피어난다

하얀 구름 타고 내려오는
선녀의 고운 옷자락
어디선가 새어나오는
달콤한 선율에 맞춰
나비처럼 날아와
사뿐히 내려앉는 자유의 화신

하늘에서 흩어져
썰렁한 막춤을 추며
바람에 업혀 내려앉아
산야의 고요 끌어안고
한 폭의 그림을 그려낸다.

안양천

벚꽃잎이 꽃비되어
오랜 가뭄에 갈라진 가슴처럼
애절한 별빛 띄워 흐른다

맑은 이슬 한 방울로 마음 씻어
열정 드리운 아름다운 꽃빛 추억
빛바랜 꿈길 따라 젖는다

마음의 싱싱한 잎사귀 잠긴 가슴
아무리 비바람이 불어도
부드러운 강물로 깊어지는 세상

멈출 수 없고 잠길 수 없어
초록의 싱그러움 가득 안고
내 가슴 위로 흘러내린다.

꽃잎 사연

무엇이 그리 슬퍼
비가 되어 내립니까
몸 적실 비라면
우산이라도 쓰련마는
마음속 적시는
슬픈 사연
기다리다 지쳐
향기만 남기고 갑니다

강둑에 앉아

고층 빌딩 사이
고운 빛 하늘 그림자 붙잡고
길을 나서는 바람과 함께
목마른 세월 안고 놀다가
강둑 억새꽃 사이 바람을 밟고 가는
한 폭의 강물이 되고 싶다

굽이마다 지쳐가는 삶이지만
술잔에 마음 서로 띄워 마시며
내딛는 발걸음 힘차게
물살 가르는 안양천 철새 처럼
어딘가 흘러 떠나고 싶다

바람 가득 고인 날
마르지 않은 철새 목소리 들으며
평생 함께 늙은
내 그림자 데리고
누군가 흘리고 간 웃음 한 조각
주워담고 싶다

낙엽 떠나는 길

한때 푸른 꿈
두런거리는 소리 들리더니
빨간 명함 한 장 들고
나비춤으로 날아간다

고왔던 기억들
뺨 스치는 바람 가슴에 안고
대지를 포근하게 감싸며
차곡차곡 쌓이는데

온몸 으스러지게 떠는
앙상한 가지에
누구는 서리에 얻어맞아
허물어지고

운 좋은 누구는 거미줄에 묶여
가쁜 숨 헐떡이고
아직도 실핏줄 가지에 매달려 꿈꾸는
복 있는 녀석도 있다

세월에 얹혀 떠나는
그 길이 옳다면
복사꽃 같은 눈송이 내리기 전
두려워말고 떠나야지

하얀 목련은 지고

무슨 운명이더냐
하얀 속살 드러내자마자
애처로움 사라져
하얗게 웃던 그 모습이
헤어짐의 사랑일 줄이야

착하고 여린 설익은 미소
이별이 두려워 붙잡는데
가슴까지 콕콕 찌르며 스쳐가는 바람!

순백의 그대 얼굴에
폐허처럼 무너진 내가슴
남모르는 사연 앓다가
남몰래 모아둔 행복마저 쏟아진다

내 마음 그대 옆에 두고

가을이 오는 길목

무성했던 여름 무너져 내리고
가을을 마중 나온 산들바람이
한적한 골목길에서 서성인다

고샅길 울타리에 매달려
전별을 고하는 나팔꽃
때 묻은 손수건 흔들며
이별을 아파하는데

후미진 담벼락 양지쪽
들국화 미소 안고
향기로 다가선다

머지않아 하얀 서리 내리면
잘 익은 귀뚜라미
노랫소리 펼쳐지겠지

아카시아

비 온 뒤 맑은 하늘
이제 막 가슴 부풀기 시작한
소녀처럼
그 누구도 흉내내지 못할
하얀 향기 안고 태어났습니다

잠시 휘청대는 사이
오래된 마음 쓸어내고
개미가 꼬리를 물 듯
산 너머 장미 마을에도
향기 띄워 보냅니다
미소와 함께

낙화로 얼룩진 가지에
여름이 자라고
온누리에
내 임 닮은 미소
우체부 바람에
소식 동봉하여 전합니다.

장미의 미소

다 떨구어 버리고 날아가는
5월의 모퉁이에서
뜨거운 정열로 승화된
빨간 사랑의 결정체

푸른 치마 붉은 얼굴
밀폐된 문 박차고 나와
철조망 사이 끼어 서서
터뜨리는 환한 미소

다만 왔던 길 왔을 뿐
반짝이며 일어서는 상냥한 얼굴
멀리에선 없는 듯
희미한 향기에 마냥 취해본다

가을 속으로

햇살 무르익은 창 하나 열면
한 줄기 바람이 스쳐가고
안개 바다에 우뚝 선 가을이
얼룩진 가슴 비벼 손짓하며
달콤한 선율로 부른다

초록빛 붉게 익어가는 가슴
달콤한 유혹처럼
황금빛으로 물들어가는 들판 따라
저 드높은 하늘 위로 맘껏 날아
아름다운 사랑 여행 떠나잔다

홍시가 익어가는 고향집
향수처럼
상큼하게 높아진
청자빛 파란 하늘 아래
코스모스 길 함께 걸어보잰다

비스듬히 누운 태양
돌아가는 바람 발길 무거워
고운 단풍 외로움으로 감돌고
들국화 코스모스 눈꽃되어 날리면
가을 햇살 한 움큼 집어들고
고운 꿈 만들어 보자꾸나

작품해설

개화와 낙화, 그 눈부신 생명시학

– 김영업의 시세계

김용오
(시인. 한국문협시분과회장)

(1)

일본시인 [니시와까]시론에 보면 "인간 존재의 현실 그 자체는 참 시시하다. 이 근본적인 위대한 시시함을 마음속 깊이 느끼는 것이 시작 동기다. 시란 이 시시한 현실을 일종의 독특한 흥미(이상한 쾌감)로써 의식케 하는 하나의 방법이다."라고 쓰고 있다.

좀더 쉽게 이야기하면 있는 그대로의 현실은 시시하고 보잘 것 없으므로 이것을 독특한 흥미로써 의식케 하는 것이 시라는 주장이다.

그렇다면 독특한 흥미란 무엇인가. 그것은 현실 플러스 꿈의 세계를 말한다.

어쩌면 꿈이 없는 현실은 삭막하다 못해 시시한지 모른다.

인간 존재의 현실 세계와 사물 세계의 차이, 거기 꿈이 있느냐 없느냐의 차이로 나타난다.

즉 인간 존재의 세계는 현실 + 꿈이라는 두 결합의 등식이 성립된다고 볼 수 있는데 오늘 내가 여기서 이야기하고자 하는 김영업 시인의 시세계 역시 시시한 현실을 바탕으로 하여 눈부신 꿈을 꾸고 있고 그것이 감동의 물결로 다가오기 때문이다.

다시 말해 꽃이 활짝 핀 이른 봄의 개화에서나 쓸쓸한 가을의 낙화에서도 그가 소망하는 꿈이 묻어 있어 독특한 흥미를 유발하고 있을 뿐만 아니라 시인으로서의 그의 위상을 분명하게 자리매김하고 있다는 뜻으로 보아도 좋다.

(2)

우선 그의 시들이 갖고 있는 여러 가지 특징 가운데 그 첫 번째 특징이라면 [봄]을 시적 테마로 형상화한 작품들이 많은 분량을 차지하고 있는 점이다. 대충 시제만 들여다보더라도 [그대가 보고 싶은 봄] [개나리 꽃 피던 날] [봄의 노래] [매화] [노란 들꽃] [봄의 소망] [봄이 오던 날] [작은 꽃] [봄이 오는 소리] [벚꽃 향기] [3월에 내리는 눈]등등.. 10편이 넘을 정도다. "봄볕에 피가 뜨겁게 꿈틀댄다."라고 표현할 만큼 [김영업]시인에 있어서의 생명 탄생은 말할 수 없을 정도의 심도 깊은 영향을 주고 있다는 것을 스스로 보여주고 있는 셈이다.

따뜻한 시선 진실한 가슴
아름다운 꽃송이로 다가서는
추억이 밴 그대의 향취

오늘처럼 화창한 날엔
움트는 봄의 노랫가락 들으며
분홍빛 바람 피우고 싶다

수수하면서도 낭만이 느껴 부르는
넉넉한 하늘처럼
오늘은 그 사람이 몹시도 보고 싶다

어느 날 갑자기
봄바람은 물결치고
꿈과 소망 뒤로 한 그대

가슴속에 감춰진 뽀얀 젖가슴은
꽃송이 되어
다시금 피어오른다

– [그대가 보고 싶은 봄] 전문 –

위의 예시를 보면 그냥 봄이 오는 것이 아니라 [그대]라는 추억의 대상이 함께 오는 것이다. 더욱이 3연에 오면 [그대]가 [그 사람]으로 더욱 구체화되고 실존화되어 나타날 정도로 인간화되어 있다. 심지어 "꽃송이"까지 "하얀 젖가슴"으로 의인화된다. 그리고 우리는 여기서 [그대] [그 사람]을 그에게 있어 추억 속의 어떤 소중한 분으로 읽어도 좋고 눈부신 생명을 펼치는 근원적인 어떤 것으로 해석해도 무방하다. 왜냐하면 단일한 이미지가 아닌 다의적인 이미지로 다가오기 때문이다. 그는 봄을 테마로 한 다른 작품에서 "찬바람 터널 지나/브레이크도 밟지 않고/대지를 흔들어 깨우는 시냇물 소리는/임의 노래인가요." 라고도 쓰고 있으며 또 다른 곳에서는 [너] [당신]이라는 인칭 대명사로 부르면서 친근하게 접근하고 있다. 뿐만 아니라 그는 구석진 자리에 피어있는 [작은 꽃]을 두고서도 "허한 빈자리/잠을 깬 꽃망울/살포시 내뱉는다//구름을 밟고/별을 꿈꾸며/갓 태어난 꽃//키 작은 설렘으로/동그렇게 눈 뜨고/임 맞으러 나왔구나." 라며 슬쩍 애정 어린 말을 물끄러미 건네는 자상한 모습을 여기저기 다른 시에서도 많이 보일만큼 시적화자의 성숙된 시관(詩觀)을 드러내고 있는 것이다.

(3)

이제껏 눈부시고 생명감 넘치는 봄, 즉 개화를 알리는 봄의 시들이 많았던 것처럼 그의 두 번째 특징으로 담론화될 수 있는 낙화, 그 가을에 해당하는 작품 역시 적은 분량이 아니다. [가을이 오는 길목][가을 속으로][낙엽 떠나는 길][가을이 떠난다는데][단풍][갈바람][시월의 문을 열면][코스모스][낙엽.2][낙엽.1]등.. 그의 시세계를 참구(參究)하는데 없어서는 안 될 중요한 길라잡이 역할을 하고 있다고 보아진다.

햇살 무르익은 창 하나 열면
한 줄기 바람이 스쳐가고
안개 바다에 우뚝 선 가을이
얼룩진 가슴 비벼 손짓하며
달콤한 선율로 부른다

초록빛 붉게 익어가는 가슴
달콤한 유혹처럼
황금빛으로 물들어가는 들판 따라
저 드높은 하늘 위로 맘껏 날아
아름다운 사랑 여행 떠나잔다

홍시가 익어가는 고향집

향수처럼
상큼하게 높아진
청자빛 파란 하늘 아래
코스모스 길 함께 걸어보잰다

비스듬히 누운 태양
돌아가는 바람 발길 무거워
고운 단풍 외로움으로 감돌고
들국화 코스모스 눈꽃되어 날리면
가을 햇살 한 움큼 집어들고
고운 꿈 만들어 보자꾸나

–[가을속으로] 전문 –

원래 가을은 "황금빛으로 물들어 가는 들판을" 보게 되는 결실의 계절이면서도 어딘가로 쓸쓸한 뒷모습을 보이며 떠나야 하는 이별의 계절이기도 하다. 그 역시 모든 삼라만상이 "때 묻은 손수건 흔들며/이별을 아파하는데"라는 진단을 내린다. 그러면서도 힘없이 주저앉거나 슬픔에 빠진 연약한 마음을 드러내지는 않는다. 인칭대명사만 생략했을 뿐 여전히 미지의 어떤 분들에게 "아름다운 사랑 여행 떠나자고" "코스모스길 함께 걸어보자고" 그리고 함께 "고운 꿈을 만들어 보자구나"라며 가을이라는 현실 + 꿈이라는 두 개의 결합세계를 시적

상상력으로 만들어 내고 있는 것이다. 한 마디 덧붙여 이야기를 한다면 그는 아주 겸손하고 순리에 머리 숙일 줄을 아는 혜안의 시인이라고나 할까. “잎새마다 새겨진 삶의 애환을 보니/이 가을 낙엽으로 받아들이는 마음/어쩝니까, 그마저 내 사랑인 것을!” 정말이지 자연의 순명 앞에서 마구 부서져 밟히는 낙엽의 신음 소리까지 스스럼없이 껴안는 눈부신 마음의 미학과 사유의 깊이 앞에 어느 누가 더 이상 무슨 말을 할 수 있으랴.

(4)

지금까지 나는 [김영업]시인의 시세계를 개화와 낙화 이를테면 생(生)에 해당되는 봄과 사(死)에 해당되는 가을로 나누어 들여다보았다. 물론 다른 계절적인 요인이 없는 것은 아니지만 자세히 읽어보면 이미 봄 속으로 여름이 들어와 있었고 가을 속으로 겨울이 들어와 있는 시적경향을 보여주고 있었기 때문에 굳이 사계절로 나눌 필요를 느끼지 못했는지 모른다. 그리고 만약 그가 봄 이야기만 하고 가을을 외면했다든지 그 반대였을 경우였다면 한쪽만 볼 수밖에 없는 외눈박이 시인으로 전락할 수도 있었겠지만 다행히 그는 두 세계 즉 삶과 죽음을 동시에 꿰뚫어 볼 수 있는 깊은 심안을 가지고 있었기 때문에 어느 한쪽으로 기울지 않은 아름다운 조화와 균형을 이루고 있다는 생각을 하게 된다. 그리고 시적소재로서의 자연사물에다 그가 그 동안 살아온 인생의 소중한 추억과 꿈들이 서로 시적결합을 하고 있어 현대시로서의 품격까지 제대로 갖추고 있다는 높은 평을 할 수 있을 것 같다.

예부터 생사일여라고 했든가. 삶속에서 죽음을 보고 죽음 속에서 삶을 보는 것이 아무나 이를 수 있는 정신적인 경지가 아니다. "생명 다해 떨어지는 꽃잎 아파할 땐/마지막 인생 찾아들지 않도록 여유로운 이별의 노래 부르련다//곰삭아 가는 길도/주춤거리지 않고/연분홍 스카프 날리며/두 눈 감을 수 있는 몸이 되련다."라는 순명 의식을 보이는 그도 때로는 거울속의 자화상을 보며 "등 돌려 외면한 세월/꽃피웠던 육체마저도/서서히 시들어가며/무서리는 내려//이마에 골 깊은 계급장/탄력 없는 눈꺼풀/숱한 세월 몽땅 안고/거울 속에 슬픔을 남긴다." 라는 깊은 절망을 하기도 한다. 또한 여기저기 [고향이야기] [어머니] [아버지]를 시 속으로 불러들여 인간적인 회한과 반성을 하고 있는 작품들이 없는 것도 아니지만 그것보다는 개화와 낙화에서 보여주고 있는 시적세계가 진정한 의미의 시들이며 주요 중심주제로서의 가치가 있다는 말이다.

요약해서 결론적으로 다시 한 번 더 이야기하자면 봄과 가을이 서로 길항하는 대칭관계로서의 의미보다는 봄이 가을을 간섭하고 가을이 봄을 간섭하며 서로 상생하는 균형의 조화의 세계로서 우리의 동양사상과도 깊이 맞닿아 있다고 갈무리하고 싶다.
바로 그것이 우리에 보여주고 들려주고자 한 [김영업] 시인만의 인생관이요, 세계관이 아니었을까.